BEI GRIN MACHT SICH IHR WISSEN BEZAHLT

Isabelle Meier

Das 18. Kamel: Krieg und Frieden in der Sichtweise der analytischen Psychologie nach C.G. Jung

GRIN Verlag

Bibliografische Information der Deutschen Nationalbibliothek:

Die Deutsche Bibliothek verzeichnet diese Publikation in der Deutschen National-
bibliografie; detaillierte bibliografische Daten sind im Internet über http://dnb.d-
nb.de/ abrufbar.

Impressum:

Copyright © 2014 GRIN Verlag GmbH
Druck und Bindung: Books on Demand GmbH, Norderstedt Germany
ISBN: 978-3-656-62882-8

Dieses Buch bei GRIN:

http://www.grin.com/de/e-book/271863/das-18-kamel-krieg-und-frieden-in-der-
sichtweise-der-analytischen-psychologie

GRIN - Your knowledge has value

Der GRIN Verlag publiziert seit 1998 wissenschaftliche Arbeiten von Studenten, Hochschullehrern und anderen Akademikern als eBook und gedrucktes Buch. Die Verlagswebsite www.grin.com ist die ideale Plattform zur Veröffentlichung von Hausarbeiten, Abschlussarbeiten, wissenschaftlichen Aufsätzen, Dissertationen und Fachbüchern.

Besuchen Sie uns im Internet:

http://www.grin.com/

http://www.facebook.com/grincom

http://www.twitter.com/grin_com

Das 18. Kamel: Krieg und Frieden in der Psyche[1]

Isabelle Meier, Dr. phil

Einleitung

Es lebte in Arabien ein alter Vater, der drei Söhne und 17 Kamele hatte. Als der Greis sein Ende nahen fühlte, versammelte er die Söhne um sich und sprach zu ihnen: "Alles, was ich euch hinterlasse, sind meine Kamele. Teilt sie so, dass der Älteste die Hälfte, der Mittlere ein Drittel und der Jüngste einen Neuntel erhält. Kaum war dies verkündet, da schloss er die Augen, und die Söhne konnten ihn nicht mehr darauf aufmerksam machen, dass sein letzter Wille offenbar nicht vollstreckbar sei. Siebzehn ist doch eine störrische Zahl und lässt sich weder durch zwei noch durch drei und schon gar nicht durch neun teilen! Doch der letzte Wille des Vaters ist jedem braven Araber heilig. Da kam zum Glück ein weiser Pilger auf seinem Kamel daher geritten, der sah die Ratlosigkeit der drei Erben und bot ihnen seine Hilfe an. Sie trugen ihm den verzwickten Fall vor, und der Weise riet lächelnd, sein eigenes Kamel zu den hinterlassenen zu stellen und die gesamte Herde nach dem letzten Willen des Vaters zu teilen, und siehe da - der Älteste bekam neun der Tiere, der Mittlere sechs, der Jüngste zwei, das waren eben die Hälfte, ein Drittel und ein Neuntel, und auf dem Kamel, das übrig blieb, ritt der Weise - denn es war das seine - lächelnd davon."[1]

Die Geschichte gibt es in verschiedenen Versionen, einmal mit einem Wanderprediger, mit einem Mullah, einmal mit einer Karawane etc. Der weise Pilger löst das Rätsel und unterbindet einen aufbrechenden Konflikt, da 18 durch zwei, drei und neun teilbar ist. Der eine Sohn erhielt 9 Kamele, der zweite 6 Kamele und der dritte 2 Kamele. 9 + 6 + 2 = 17!

Was will uns die Geschichte sagen und in welchem Zusammenhang steht sie zu unserem Thema „Krieg und Frieden in der Psyche".

---

[1] Überarbeitete Version eines Vortrages bei der „Psychologischen Gesellschaft Basel", 31. März 2014.

Objektstufig - subjektstufig

Nun, C.G. Jung hat bekanntlich neben vielem anderen auch die Begriffe der objektstufigen und subjektstufigen Deutung entwickelt. Ein Ereignis kann sowohl in der Aussenwelt wie auch in der Innenwelt stattfinden und interpretiert werden. Ein Ereignis, wie die Geschichte aus einer Wüste in Arabien kann als eine Geschichte einer Kamel-Familie, die einen Todesfall zu beklagen hat, betrachtet werden, aber auch als eine Geschichte, die im Inneren eines Menschen stattfindet, als ein Gedankenzwist oder innerer Konflikt, der unlösbar erscheint. Doch plötzlich kommt ein zündender Gedanke, ein Lichtblitz, der den Konflikt auf eine neue Ebene schiebt und ihn löst, sodass wieder Frieden einkehrt. Ersteres könnte objektstufig, letzteres subjektstufig gedeutet werden. Da unser Thema heute ein inneres Thema behandelt, konzentrieren wir uns nachher vorwiegend auf diese subjektstufige Deutung. Das ist der Inhalt dieses Vortrages, wie Spannungen, Konflikte, Widersprüche in der Psyche gelöst werden können und zwar in der Ansicht der Analytischen Psychologie von C.G. Jung

Ich möchte nun kurz auf die objektstufige Deutung eingehen, da sie uns ein theoretisches Gerüst liefert.

Die objektstufige Deutung

Die Geschichte aus Arabien zeigt eine Familie, deren Vater gestorben ist. Er hinterlässt einen letzten Willen, den die Kinder aber als unvollstreckbar betrachten. Sie sind überfordert und man kann sich leicht vorstellen, dass ein Konflikt unter ihnen losbricht. Wie sollen 17 Kamele aufgeteilt werden? Der Vater hinterlässt ihnen eine unmögliche Aufgabe. Wieso tut er dies? Wieso überlässt er der nächsten Generation ein solches Rätsel? Hat er bisher die Fäden in der Hand gehabt, Konflikte und Streit geschlichtet, sodass die nächste Generation keine Spannungen austragen musste? Nun müssen sie die Lösung selber finden bzw. ein übergeordnetes System, das den Konflikt verhindern hilft. Sie finden dieses übergeordnete System im alten, weisen Pilger, der vorbeikommt und ihnen sein Kamel zur Verfügung stellt. Dieses Kamel selber wird nicht wirklich gebraucht. Am Schluss gelangt es wieder zum alten Pilger. Deshalb ist das Gleichnis so interessant. Es ist ein Etwas, das gebraucht wird und doch nicht wirklich gebraucht wird, das sog. unzerstörbar ist. Man könnte hier auch von einem archimedischen Punkt sprechen, der transzendental in einer andern Ebene beheimatet ist, und auf dem man sich ausrichtet, ohne den man nicht existieren kann, der aber nicht wirklich in unserer Wirklichkeit vorhanden ist.

Archimedischer Punkt

Aber was ist ein archimedischer Punkt? Der Begriff stammt von Archimedes, einem griechischen Mathematiker, Physiker und Ingenieur, der den legendären Spruch äusserte: „Gebt mir einen Platz, wo ich stehen kann, so will ich (mit meinem Hebel) die Erde bewegen." Archimedes dachte dabei an einen festen Punkt ausserhalb der Erde.

Im übertragenen Sinne wird dieser Begriff z.B. in der Philosophie verwendet, um eine vollkommen evidente (unbezweifelbare) Wahrheit oder Tatsache zu bezeichnen, von der ausgehend man die Welt erklären kann. René Decartes glaubte beispielsweise, diesen archimedischen Punkt in der Unbezweifelbarkeit des „Ich denke, also bin ich" (cogito ergo sum) gefunden zu haben. [2] Zu dieser Geschichte meinte der Konstruktivist Heinz von Foerster: "So wie das achtzehnte Kamel, so braucht man die Wirklichkeit als eine Krücke, die man wegwirft, wenn man sich über alles klar ist".[3]

Auch eine Idee kann als einen festen Punkt ausserhalb der Wirklichkeit betrachtet werden. Das folgende Gleichnis aus dem kollektiven Bewusstsein der Menschen gibt einen schönen Einblick in eine solche Betrachtungsweise.

Die blinden Männer und der Elefant

Im Gleichnis „Die blinden Männer und der Elefant" untersucht eine Gruppe von Männern in völliger Dunkelheit einen Elefanten in einem Zelt. Jeder untersucht für sich einen anderen Körperteil des Tieres. Einer befühlt das Bein und meint, er betaste eine Säule, einer befühlt den Schwanz und sagt, das sei ein Seil, einer befühlt den Rüssel und denkt, er betaste einen Ast und einer meint, der Stoßzahn müsste doch eine Röhre sein.

Ein Weiser erklärt ihnen: „Ihr habt alle recht. Der Grund, warum ein jeder von euch es anders erklärt, ist der, dass ein jeder von euch einen anderen Körperteil eines Elefanten berührt hat. Denn in Wahrheit hat ein Elefant alle die Eigenschaften, die ihr erwähnt habt. „[4] Die Geschichte soll aufzeigen, dass die Wirklichkeit sehr unterschiedlich verstanden werden kann, je nachdem, welche Perspektive oder welche subjektive Erfahrung jeman wählt, dass es aber so etwas wie eine intersubjektive Wahrheit geben kann, die für alle stimmt und die alles wieder zusammenbringt. Jeder ist mit seiner subjektiven Wahrheit darin aufgehoben.

Dieses Gleichnis scheint in Südasien entstanden zu sein. Es gibt wie beim 18. Kamel verschiedene Varianten davon, die in verschiedenen Glaubensrichtungen verwendet werden und zwar sowohl im Sufismus, Jainismus, Buddhismus oder Hinduismus. Alle Versionen des Gleichnisses sind sich ähnlich und unterscheiden sich nur in der Anzahl der Männer, die den Elefanten untersuchen und wie und ob der Konflikt nachher gelöst wir.

Eine buddhistische Version wird in den *Udana* VI 4-6, erzählt mit dem Titel: „Parabel von den blinden Männern und dem Elefanten". Buddha erzählt das Gleichnis eines Fürsten, eines Rajas, der blind geborene Männer versammelt, damit sie einen Elefanten untersuchen. "Nachdem die blinden Männer den Elefanten befühlt hatten, ging der Raja zu jedem von ihnen und sagte, 'Ihr habt einen Elefanten erlebt, ihr Blinden?' — 'So ist es, Majestät. Wir haben einen Elefanten erlebt.' — 'Nun sagt mir, ihr Blinden: Was ist denn ein Elefant?' Sie versicherten ihm, dass der Elefant sei wie ein Topf (Kopf), ein weicher Korb (Ohr), eine Pflugschar (Stoßzahn), ein Pflug (Rüssel), ein Kornspeicher (Körper), eine Säule (Bein), ein Mörser (Rücken), ein Pistill (Schwanz), oder eine Bürste (Schwanzspitze). Die Männer beginnen zu kämpfen, was den Raja erheitert und der Buddha erklärt den Mönchen: ‚Daran nun eben hängen sie, die Pilger oder Geistlichen; da disputieren, streiten sie, als Menschen, die nur Teile seh'n.'"[5] Wie bei der Kamelverteilung sehen die Einzelnen nur die Details, nicht das übergeordnete Ganze, die Idee dahinter, obwohl ihnen der Raja die Idee gegeben hat. Aber sie können nichts damit beginnen, sie können sich nicht auf das übergeordnete Ganze einlassen, das für alle stimmt.

Dschalal ad-Din ar-Rumi war im 13. Jahrhundert ein persischer Dichter, Jurist, Theologe und Lehrer des Sufismus gewesen. Rumi meinte in seiner Version des Gleichnisses „Der Elefant in der Dunkelheit" in seinem Gedicht *Masnawi*, die Geschichte sei in Indien entstanden. In seiner Version stellen einige Inder einen Elefanten in einem abgedunkelten Raum aus. Auch die sich darin einfindenden Männer befühlen unterschiedliche Dinge. Rumi kommt zum Schluss, dass das wahrnehmende Auge „nicht in der Lage ist, das Tier in seiner Gesamtheit zu begreifen."[6]

Rumi präsentiert keine Lösung des Konflikts, er bemerkt aber: „Der Blick auf das Meer ist eine Sache und die Gischt eine andere. Vergiss die Gischt und blicke nur auf das Meer. Tag- und Nachtgischt stieben auf vom Meer: Wunderbar! Du betrachtest die Gischt, aber nicht das Meer [...] unsere Augen sind verdunkelt und doch sind wir in klarem Wasser."[7] Rumi meint damit nichts anderes, als dass wir Teile, die Gischt sehen, verdunkelte Augen haben, aber das wir Menschen auch die Fähigkeit haben, das Ganze zu sehen, das klare Wasser.

Das kollektive Bewusstsein hat bereits immer schon in verschiedenen Kulturen und Glaubenssystemen mit den Teilen und dem Ganzen gerungen. Die Frage, die sich jeweils stellt ist, ob man das übergeordnete Ganze findet, das Gemeinsame, die Idee dahinter, die die Teile integriert und zu einem Ganzen und Stimmigen führt?

Wenn wir dieses Problem auf der psychischen Ebene betrachten, so sprechen wir im Prinzip von einem vereinigenden Symbol, wie es ja das 18. Kamel darstellt, das die unterschiedlichen Bestrebungen vereinen und in sich aufnehmen kann. Wir nähern uns damit der subjektstufigen Deutung.

Das 18. Kamel als ein Symbol oder die subjektstufige Deutung

Ein Mensch kann in einem Symbol verschiedene Bereiche miteinander verknüpfen — unausgesprochene Gefühle, Wünsche, Erwartungen, verschiedene Konflikte, verschiedene Gegensätze, verschiedene Persönlichkeitsteile und mithilfe des vereinigenden Symbols einen Bezug zu etwas Übergeordnetem schaffen. Zum Beispiel konnte historisch gesehen, das Symbol der Landesausstellung 1939, die verschiedenen politischen Parteien in der Schweiz vereinen. Auf der individuellen Ebene kann eine rote Rose ein Symbol für Liebe sein, die auch Schmerz (Dornen) oder Wut (rot) integriert. Im Symbol ist man aufgehoben, es vereinigt die Gegensätze.

C. G. Jung entwickelte ab Beginn des 20. Jahrhunderts ein enormes und weitgefächertes Interesse an Symbolen, an der Ethnologie und an den verschiedenen weltweit vorzufindenden Religionen. Wir wissen, dass er 1910 ein Sammelwerk von sieben Büchern mit dem Titel „Symbolik und Mythologie der alten Völker"[8] las. Aufgrund dieser Lektüre entstand das Buch über die Phantasien von Miss Miller mit dem Titel „Wandlungen und Symbole der Libido"[9] ein Buch, das ihn letztlich von Sigmund Freud und dessen Auffassungen entzweite. Statt wie Freud reduktionistisch vorzugehen und hinter dem Symbol den verdrängten Trieb bzw. etwas Feststehendes zu sehen, sah Jung archetypische Bilder und Symbole als eine kreative kulturelle Leistung des Menschen, als etwas an sich Sinnvolles an. Er wollte sie in ihrer ganzen Breite und mit ihren verschiedenen kulturellen Ausprägungen einbeziehen.

Symbole lassen sich nicht bewusst kreieren, sie entstehen unbewusst aufgrund von persönlichen Erfahrungen, Emotionen, Sinneseindrücken und unbewussten Vorgängen innerhalb eines kollektiven, kulturellen Kontextes. „Die Symbole wurden nie bewusst ersonnen, sondern wurden vom Unbewussten produziert auf dem Wege der sog. Offenbarung oder Intuition," erklärte Jung 1928[10]. Jung definierte den Symbolbegriff in einem häufig verwendeten Zitat folgendermassen: Er meinte, es werde unter " [...] 'Symbol' ein Ausdruck verstanden [...] der bestmöglich einen komplexen und durch das Bewusstsein noch nicht klar erfassten Tatbestand wiedergibt." [11]

Es ging Jung darum, die Komplexität und Vielfalt des Symbols zu entschlüsseln. Er stellte die Frage, wozu dient das Symbol? Deshalb ist die Analytische Psychologie von C.G. Jung final ausgerichtet. Jung stand damit Freud diametral gegenüber, der sich weniger für das Symbol an sich interessierte, sondern — in einer kausalen Betrachtungsweise - für das, was das Symbol verbarg. Jung sah das Symbol als eine psychische Verarbeitungsstätte, das helfe den Menschen zu beruhigen und seine Mitte wieder zu finden. [12]

Je tiefer man aber in der Psychoanalyse vordringe, so Jung, desto stärker sei die Wirkung des Symbols, es werde archetypisch: „denn das Symbol hat einen Archetypus, einen unanschaulichen, aber energiegeladenen Bedeutungskern in sich."[13] So existiert im Kind z.b. das Bild der Grossmutter, mit der es wiederholte und ähnliche emotionale Erfahrungen gemacht hat. Dieses Bild der Grossmutter wird durch Geschichten und Märchen angereichert und beginnt in tieferen Schichten archetypische Züge zu tragen: Aus der Grossmutter kann dann je nach Erfahrungen eine alte Weise oder eine böse Hexe werden. Das symbolische Bild der realen Grossmutter wird auf der archaischen, kollektiven, unbewussten Ebene reduziert auf das archetypische Bild der Hexe oder sogar des Drachen? Archetypische Symbole drücken Urerfahrungen der Menschheit aus, z.B. im archetypischen Symbol des Kreuzes oder des Drachens.

Bevor wir weiterfahren, möchte ich auf die psychoanalytische Sichtweise des Symbols eingehen. Wie gesagt, Freud und Jung unterscheiden sich bezüglich der Symboldarstellung diametral. Die Psychoanalytikerin Edith Frank-Rieser argumentiert z.B., dass man die symbolische Wahrnehmung als „eine Frühform magischen Wahrnehmens, einer primitiven bzw. regressiven Beziehungsform" erleben kann, „die keiner Reifung unterliegt, sondern enden muss, um richtigerweise durch die bewusste Rationalität ersetzt zu werden."[14] Der Logos ersetze in der Entwicklung den Mythos. Symbolisches Denken wird gleichgesetzt mit dem mythischen, frühkindlichen Denken. Ich vermute, eine solche Auffassung ist aber auch in der psychoanalytischen Welt eher als einseitig zu betrachten.

Denn auch die Psychoanalytiker schätzen die Symbolbildungs-Fähigkeit eines Menschen, um die es in diesem Vortrag letztlich geht. Die Gegensätze in der Psyche, Konflikte und Spannungen im Menschen lassen sich mit der Symbolfähigkeit aufheben. Die Psychoanalytiker nennen es anders. Sie sprechen von der Position des Dritten, der Triangulierungsfähigkeit des Menschen. Was ist damit gemeint? Ich streife dieses Thema im folgenden nur und fasse es sträflich kurz zusammen. Wir wollen heute ja die Jungsche Auffassung hören, die psychoanalytische hat teilweise einen gänzlich anderen Blickwinkel, aber er kann die jungianische Sichtweise erweitern.

Triangulierung

Mit der Position des Dritten bzw. mit der Triangulierung ist die Fähigkeit des Kindes gemeint, sich auf den Vater als den Dritten im Bunde einlassen zu können. Der Vater bricht ja im Prinzip in die Dyade zwischen Mutter und Kind ein. Das Kind muss zuerst lernen sich auf etwas Drittes zu beziehen, sozusagen aus der Dyade herauszugehen und den Dritten (das 18. Kamel!) zu bemerken, ohne das Zweite (die Wünsche der Brüder, der letzte Wille des Vaters) zu verlieren. Das sind komplizierte Vorgänge, und einem Kind gelingt dies nur, wenn es sich in der Dyade wohlfühlte. Eine Triade, also den Dritten im Bunde wahrzunehmen, ist ohne gute Dyade nicht denkbar. Zu diesem Schluss kommen die Psychoanalytiker Frank Dammasch und Hans Geert Metzger (1998)[15]. Symbiotisch empfundene, gute Nähe ist eine Voraussetzung für die Triangulierungsfähigkeit des Menschen. Wenn die Dyade zur Mutter gestört war, gelingt es ihm nicht, den Dritten wirklich zu assimilieren. Es bleibt immer dyadisch strukturiert, entweder zur Mutter oder in der Dyade zum Vater.

Was heisst das genau? Ein Kind muss sich sicher gebunden fühlen, um sich gelungen von einer Bezugsperson lösen zu können. Die Löslösung ist dann möglich, weil es ein innere Repräsentanz, ein inneres Bild von ihr hat und sich progressiv auf ein weiteres Objekt konzentrieren kann. Das ist zuerst der Vater, kann dann aber irgendein anderes Objekt sein. Wenn die Mutter auf etwas zeigt, und das Kind zwischen dem Bedeuteten und der deutenden Figur hin und her schaut, das Bedeutete fokussieren kann und schliesslich versteht, dass die Mutter etwas Bestimmtes meint, wenn es seine Aufmerksamkeit also teilen kann, dann ist einen wichtigen Schritt in der kognitiven und emotionalen Entwicklung vollzogen.[16] Innere sichere Bilder der zweiten Person helfen dem einzelnen die Triangulierung zu bewerkstelligen. Das ist dann der Fall, wenn ein Kind äussere Objekte als innere Objekte symbolisch repräsentieren kann, wenn es also symbolisieren kann.

Triangulierung ist ein Prozess, der sich in der gesamten Entwicklung erstreckt, nicht nur in der Kindheit. Er muss immer wieder aufs Neue stattfinden, er kann scheitern oder gelingen. Gelingt er, kann man besser mit Veränderungen umgehen, Abschied nehmen, neu beginnen, Bindungen neu strukturieren, um so neue Erfahrungen machen zu können.[17]

Der Psychoanalytiker Hans-Geert Metzger beschreibt dies folgendermassen: „Aus der Position des Dritten ist im Verlauf der Entwicklung die Fähigkeit zum Alleinsein, der daraus resultierenden Selbstbezug und schliesslich Reflexivität möglich."[18] Innere sichere Bilder des anderen helfen den Dritten wahrzunehmen, sodass die Beziehung mit dem zweiten transzendiert und vervollständigt wird.

Das sind (Mentalisierungs-)Prozesse, die später allein mental ablaufen können. Der einzelne lernt zu reflektieren, nachzudenken und sieht das übergeordnete Ganze. Wir Jungianer bezeichnen dies die Symbolbildungsfähigkeit des Menschen. Reflexivität oder Symbolbildung führt zum 18. Kamel, zur Lösung eines Konfliktes in der Psyche, sodass Frieden möglich wird. Aus einer psychoanalytischen Sichtweise betrachtet hätten es die Brüder schwer über die richtige Lösung der Aufteilung nachzudenken, wenn sie untereinander zerstritten sind. Krieg und Konflikte lassen sich bei einer psychoanalytischen Sichtweise verhindern, wenn die Beziehung zu inneren Objekten sicher ist, sodass Reflexivität möglich wird, bezogen auf unseres Beispiel gesprochen, wenn die Beziehung zu den Brüdern gut ist und die Brüder gute innere Objekte repräsentieren.

Transzendente Funktion

Kehren wir zurück zu Jung. Was uns Jungianer und Jungianerinnen auszeichnet ist die Beziehung zum Unbewussten, das wir anders als die Freudianer als ein kreatives Unbewusstes anschauen, das Menschen bei Lösungen hilft, das ein Potential enthält und nicht nur wie bei den Freudianer aus verdrängtem Material, aus Abwehrmechanismen besteht. Im Gegenteil, wir sagen, im Unbewussten liegen die Archetypen, die schöpferischen Möglichkeiten des Menschen, die ihm erlauben, einen Sinn in vielem zu sehen, was inneren Frieden und Sinnhaftigkeit mit sich bringt. Wenn wir offen gegenüber dem Unbewussten sind, wen wir einen Bezug zu unserem Kern haben — wir Jungianer nennen das das Selbst —sind wir gesund, dann besteht eine Beziehung zu sich selber, man ist mit sich im Einklang, im Reinen, man ruht in sich selber.

Wenn also Freudianer verkürzt gesagt, bei inneren Konflikten mehr die Mentalisierung fördern, versuchen wir den Beitrag des Unbewussten mit einzubeziehen. Im Falle von inneren Ungereimtheiten oder Verwirrung, wie im Gleichnis des 18. Kamels, würden wir auf die Träume achten, auf unbewusstes Material, wie es sich in Symbolbildern oder in Bildern zeigt.

Wir kommen damit zur transzendenten Funktion: Jung schrieb den Beitrag über die „transzendente Funktion" bereits 1916. Allerdings wurde das Manuskript damals nicht publiziert, sondern erst Ende der 50er Jahre entdeckt, von englischsprechenden Studierenden am C.G. Jung Institut in Küsnacht übersetzt und als Privatdruck herausgegeben. Jung hörte davon, überarbeitete darauf die deutsche Version und publizierte sie 1959 ebenfalls. Heute gehört der Beitrag über die transzendente Funktion zu Band 8 die „Dynamik des Unbewussten" der Gesammelten Werke.

Was ist mit der transzendenten Funktion gemeint? Jung beschrieb damit das Verhältnis des Bewusstseins zum Unbewussten, vor allem das des einseitig werdenden Bewusstseins, das eine energetische kompensatorische Spannung im Unbewussten aufbaut. "Die Gegenposition im Unbewussten ist so lange harmlos, als sie keine höheren Energiewerte aufweist. Steigt aber die Gegensatzspannung infolge einer zu grossen Einseitigkeit, dann bricht die Gegentendenz ins Bewusstsein durch, und zwar in der Regel in dem Momente, wo die Durchführung des gerichteten Prozess gerade am wichtigsten wäre. So passiert dem Redner das Versprechen gerade dann, wenn es ihm am meisten darauf ankommt, nichts Dummes zu sagen."[19] Jung betrachtete Unbewusstes und Bewusstsein als zwei komplementäre Hälften eines Ganzen. Wenn das Bewusstsein zu einseitig werde, reagiere das Unbewusste. Wenn man im Bewusstsein z.b. immer nur gutmütig ist und es allen recht machen will, baut sich im Unbewussten eine Spannung auf, und unbewusst wird man rücksichtslos.

Ein Beispiel: Eine Klientin, die nie nein sagen konnte und es allen recht machen wollte, konnte all ihre Verpflichtungen nicht mehr einhalten und entschuldigte sich dadurch fortlaufend bei allen. Diese Entschuldigungen wirkten aber eher abwertend, man fühlte sich nicht wirklich ernst genommen. Sie wurde unbewusst rücksichtslos, ohne dass sie dieses aber wollte. Hätte sie eher mal nein gesagt, dann hätte sie ihre Versprechungen auch alle halten können und hätte nicht tausend Ausflüchte und Entschuldigungen gebraucht.

In Märchen sieht man ein weiteres Beispiel von einem einseitig gewordenen Bewusstsein, dann zum Beispiel, wenn das Königspaar keine Kinder mehr bekommt. Erst der Dummling, der von allen abgewertet und gehänselt wird, findet die Ursache der Kinderlosigkeit heraus. Im kollektiven Bewusstsein werden seine Fähigkeiten abgewertet, aber er bringt die Rettung.

Jung definierte 1916: „Die Tendenz des Unbewussten und die des Bewusstseins sind nämlich jene zwei Faktoren, welche die transzendente Funktion zusammensetzen."[20] Jung erklärte, dass es die Aufgabe des Analytikers sei, dem Patienten die transzendente Funktion zu vermitteln: „das heisst, er hilft dem Patienten, Bewusstsein und Unbewusstes zusammenzusetzen und dadurch zu einer neuen Einstellung zu gelangen."[21] Wir benötigen das Unbewusste als Ergänzung zum Bewusstsein, sonst sind wir nur halbe Menschen. Der Kontakt zum Unbewussten soll daher flexibel sein, damit sich keine starre Abwehrhaltung zum Unbewussten entwickelt, wir sollten offen bleiben für die Stimme des Unbewussten, wie sie sich etwa in Träumen zeigt. Denn: „Die geheime Mitwirkung des Unbewussten am Leben ist immer und überall da [...] Wenn die unbewusste Gegenwirkung unterdrückt wird oder vom Bewusstsein wegdriftet, so verliert sie ihren regulierenden Einfluss".[22] Die Folge ist zum Beispiel ein

Instinktverlust, eine Verarmung des Bewusstseins, ein dumpfes, diffuses Missbehagen, eine Art von Langeweile,, eine innere Unruhe, emotionale Schwankungen, eine Situation, in der man erschöpft ist und nicht mehr weiter weiss.

Jung erwähnte ein Beispiel: „Ein Bekannter erzählte mir einmal einen Traum, *in welchem er vom Gipfel eines Berges ins Leere hinaustrat*. Ich erklärte ihm einiges vom Einfluss des Unbewussten und warnte ihn vor allzu gefährlichen bergsteigerischen Unternehmungen, die er ganz besonders liebte. Er lachte mich aber aus, mit dem Erfolg, dass er einige Monate später tatsächlich ins Leere trat und tödlich abstürzte."[23]

Doch wie holt man die Meinung des Unbewussten ein? Auch dies behandelte Jung im kleinen Aufsatz über die transzendente Funktion, nämlich durch das Zulassen und Gestalten von unbewusstem Fantasiematerial, etwa durch Aktive Imagination oder gestalterische Auseinandersetzungen. Er meinte, visuell Begabte sollen versuchen, ein inneres Bild für ihre Situation zu finden, das sorgfältig beobachten und schriftlich oder malerisch fixieren. Dies hat er ja bekanntlich bei sich selber angewandt. Andere seien mehr auditive Typen und hören innere Stimmen, die sie sorgfältig notieren sollen. Wiederum andere könnten mit den Händen versuchen, die Inhalte des Unbewussten auszudrücken, z.B. mit plastischen Materialien. Auch Bewegung und Tanz seien möglich oder automatisches Schreiben.

Das Bewusstsein leiht seine Ausdrucksmittel nur dem Unbewussten, mehr darf nicht sein, um nicht die unbewussten Inhalte zu beeinflussen. Die Führung ist dem Unbewussten zu überlassen, das Bewusstsein solle nicht einschreiten, auch wenn es das ganze blöd oder daneben finde. Erst wenn die Produkte des Unbewussten sichtbar seien, solle sich das Bewusstsein wieder einschalten und überlegen, wie es den Inhalt des Unbewussten verstehen solle. Das ist die Auseinandersetzung zwischen Bewusstsein und Unbewussten, beide seien gleichwertig. Mit diesem Schritt geschehe eine „Annäherung der Gegensätze und die Entstehung und Herstellung eines Dritten: der transzendenten Funktion."[24]

Bei der transzendenten Funktion handelt es sich um ein ganzheitliches Geschehen, in dem alle Aspekte einbezogen sind „Das Hin und Her der Argumente und Affekte stellt die transzendente Funktion der Gegensätze dar. Die Gegenüberstellung der Position bedeutet eine energiegeladene Spannung, die Lebendiges erzeugt, ein Drittes, das keine logische Totgeburt ist, entsprechend dem Grundsatz 'tertium non datur', sondern eine Fortbewegung aus der Suspension zwischen Gegensätzen, eine legendige Geburt, die eine neue Stufe des Seins, eine neue Situation, herbeiführt. Die transzendente Funktion offenbart sich als eine Eigenschaft angenäherter Gegensätze."[25] Das Selbst, der Kern in einem Menschen, erschafft bei Jung, Symbole von selbstregulierender und heilender Kraft und vermittelt zwischen den Gegensätzen innerhalb der Psyche.

Der Beitrag des Unbewussten ist also nicht passiv, wie bei den Freudianern, sondern aktiv: Jung beschreibt dies mit folgenden Worten: „Die Mitarbeit des Unbewussten ist klug und zielgerichtet, und selbst wenn es sich gegensätzlich zum Bewusstsein verhält, ist sein Ausdruck immer noch in intelligenter Weise kompensatorisch, wie wenn es versuchen wollte, das verlorene Gleichgewicht wieder herzustellen."[26]

Dass das Unbewusste einen aktiven Beitrag leistet, ist heute unbestritten. Die Erkenntnisse der Säuglingsforschung, der Bindungstheorie sowie der Emergenztheorie bestätigen den aktiven Beitrag des Unbewussten für die gesamte Entwicklung, was die Jungianerin Jean Knox ausführlich in ihrem klassischen Werk über „Archetype, Attachment, Analysis" darstellte.[27]

Kann man nun behaupten, dass sich das 18. Kamel mit der transzendenten Funktion vergleichen lässt? Gehen wir einmal diesem Gedanken nach:

Das 18. Kamel ist bei dieser Betrachtungsweise ein Drittes, das intrapsychisch zwischen dem Hin und Her der Argumente und Affekte, der verschiedenen Gegensätze in der Psyche entstehen kann. Bei Jung geschieht sie intrapsychisch, also innerhalb des Menschen selber, das Ich öffnet sich im Zeitpunkt einer unlösbaren Spannung zwischen den Gegensätzen für ein vermittelndes Symbol, das aus dem Unbewussten auftaucht. In meinen Augen kann das aber auch intersubjektiv, in einer Beziehung geschehen. Auch für die Jungianerin Liliane Otscheret kann sich die transzendente Funktion in einer Beziehung konstellieren, „innerhalb einer Beziehung zum Du" zum Beispiel in der analytischen Beziehung zwischen Therapeutin und Klientin. „In der Behandlung kann das Erleben des Symbols zu einem tiefen Gefühl des Verstandenwerdens führen." [28]

Durch die transzendente Funktion wird das Dritte geschaffen, das im Bereich der Logik gar nicht existiert. Der Jungianer Gustav Bovensiepen meint zudem, dass sich die transzendente Funktion in der analytischen Praxis nur entfalten kann, wenn es gelingt, eine analytische Haltung einzunehmen, die Jung als die symbolische Einstellung bezeichnet hat. Aus dem Spannungsfeld von Übertragung und Gegenübertragung kann als eine Form von Emergenz etwas Neues, etwas Transzendentes in einer Analysestunde auftauchen.[29]

Umgesetzt auf die Jungsche Psychotherapie bedeutet dies, dass wir uns bei unserer Arbeit auch vom Vertrauen auf eine Lösung leiten lassen können, die vom Unbewussten her auftauchen kann. Wir können nicht immer entscheiden, wer an unsere Türe klopft, wir wissen nicht, in welcher Form sich das Unbewusste, das kreative Unbewusste zeigt.

Ich möchte in diesem Zusammenhang ein Beispiel aus der Praxis erwähnen: Eine Klientin suchte meine Praxis wegen eines Missbrauchs in der Kindheit auf. Sie beklagt in dieser Stunde, die ich jetzt beschreibe, dass sie in den letzten Monaten stark zugenommen habe und dass sie an Heisshungerattacken leide. Das Gespräch verläuft zähflüssig. Die Patientin spricht nicht gerne darüber, weiss aber nicht weiter. Sie sieht nur immer wieder mit Erschrecken, dass sich der Zeiger der Waage jede Woche nach oben bewegt. Abends kann sie sich nicht bremsen und isst, was im Kühlschrank ist. Sie ist ratlos, und es zeigt sich in der Stunde, dass diese Attacken nicht verhandlungsfähig sind. Sie hält daran fest, steht mit sich aber im Krieg, da sie nicht versteht, wieso sie keine Kontrolle hat. Sie beschimpft sich innerlich und wertet sich stark ab. Meine Interventionen, die bezwecken, die verschiedenen Seiten in sich besser zu verstehen, erreichen sie nicht. Auf der bewussten Ebene ist eine Blockade vorhanden.

Plötzlich meldet der Apple-Lautsprecher, dass er aufgeladen ist und sagt: „Bin voll". Wir schauen uns an und lachen, weil dies so nicht zur zähen Stunde passt. Dann kommt mir ein Gedanke — aus dem Unbewussten — dass sie gegenwärtig diese Heisshunger-Attacken vielleicht braucht und dass man einfach Vertrauen in die Selbstregulierung haben muss. Ich äussere diesen Gedanken, darauf löst sich etwas in ihr und wir können über ihre erwachsene und über ihre kindlich-gierige Seite sprechen; die kindliche, die trotzig zu ihrem Recht kommen will und essen will, was die erwachsene Seite nicht gut findet. Vor einigen Jahren noch hätte sich die erwachsene Seite durchsetzen können. Sie war ein extrem angepasstes Kind gewesen. Es herrscht deshalb im Moment ein innerer Konflikt: ihre erwachsene Seite schimpft mit der kindlichen, worauf sich die kindliche der erwachsenen Seite entzieht. Erst nach und nach entwickelt sie nun im Hin- und Her der Gegensätze einen fürsorglichen Umgang mit sich selber und eine weniger angepasste Haltung.

Im vorliegenden Beispiel war die Meldung aus dem Apple-Lautsprecher zum Symbol ihres Wunsches geworden. Der Wunsch war unbewusst, endlich einmal ohne Kontrolle und Anpassung das Gefühl der Völle spüren zu können. Diesen unbewussten Wunsch sprach ich aus, und sie konnte ihn bestätigen.

Ein weiteres Beispiel, wie sich das Unbewusste in einer Familie konstellieren und ein gemeinsames Symbol schaffen kann, ist in der Zeitung *Tages-Anzeiger* beschrieben worden:

Im Artikel „Sterbebegleitung für ein Kind" wird die Geschichte eines siebenjährigen Kindes geschildert, das tödlich an Krebs erkrankt war. Als die Diagnose feststand, war die Krankheit bereits weit fortgeschritten. Die Eltern lehnten eine Chemotherapie ab, da die Chancen zu überleben äusserst gering waren. Die Eltern wollten das ihrer Tochter nicht antun und entschieden sich für den palliativen Weg. Die Tochter Marina wusste, dass sie Krebs hatte und nicht mehr lange leben würde. Um die letzten

Monate für die ganze Familie zu erleichtern, erfand die Mutter die „Kräuterhexe": Es heisst in diesem Zeitungsartikel:

„Sie brauchten eine Art Stern, an dem sich Marina orientieren konnte, der sie durch die schwere Zeit lotste. Sie brauchten eine Verbündete. Und weil Marina die Natur liebte, intensive Düfte und Kräuter und Blumen, erschuf ihre Mutter die Figur der Kräuterhexe [...] für Marina schien eine Frau, die im Wald wohnt, alles sieht und alles weiss und mit Tieren sprechen kann, genau das Richtige. Sie sollte auch einen entsprechenden Namen haben, Chrysanthemia. Die Kräuterhexe Chrysanthemia, die für alle Kinder da ist, die krank sind. Sie tröstet. [...] Als die Kräuterhexe das erste Mal ein Samtsäcklein gefüllt mit Efeu und Tannennadeln vor die Haustür legte, fand sich darin nebst einem Kraftstein auch einen Brief. Marina umklammerte den Stein, der Vater las den Brief vor. ‚Als wir ihr Gesicht sahen', sagt Regula Meier, ‚wussten wir, dass es funktionieren würde.' Abends ass Marina erstmals seit Monaten einen ganzen Teller leer."[30] Die Kräuterhexe Chrysanthemia wurde zu einem Teil der Familie. Man suchte im Wald nach ihrem Haus, nach ihren Dingen, die sie in Samtsäcklein für Marina hinterliess, mit Ratschlägen, Tee und Trost. Marina nahm alles widerspruchslos an, bedankte sich, schüttete ihr ihr Herz aus, machte ihr Zeichnungen wie auch ihre Geschwister. So war die Kräuterhexe zu einem Halt für die ganze Familie geworden. Die Kräuterhexe tauchte auf, dynamisierte die Familie und vereinte sie um ein Zentrum, um ein archetypisches Symbol herum. Hier hat die Mutter zum Zeitpunkt einer starken Spannung in der Familie und im Kind ein vermittelndes Symbol aus dem Unbewussten geschaffen, das inneren Frieden für alle brachte.

Auch Jung befand sich in der Zeit in einer Krise, als er sich mit der transzendenten Funktion beschäftigte oder anders gesagt — sein Beitrag über die transzendente Funktion erwuchs 1916 als Lösung aus dieser Krise. Von Freud hatte er sich entzweit, er hatte seine berufliche Tätigkeit an der Psychiatrischen Universitätsklinik Burghölzli aufgegeben und sich von seiner Lehrtätigkeit an der Universität Zürich zurückgezogen. Auch persönliche Konflikte mit seiner Ehefrau Emma, die ihm in dieser Kriegszeit das letzte der 5 Kinder gebar (1913) waren vorhanden - aufgrund seiner Beziehung mit Tony Wolff. Ausserdem musste er als Militärarzt an die Front im Ersten Weltkrieg, was zu dieser schwierigen Phase beigetragen haben mag. Er begann in dieser Zeit bekanntlich mit dem Roten Buch, er imaginierte und malte wunderschöne Bilder, die er alle in das grosse Rotes Buch übertrug.

Es muss diese innere Erfahrung gewesen sein, die zu seinem Beitrag 1916 über die transzendente Funktion geführt hat. Sein Ich öffnete sich in einer starken Spannungszeit dem Unbewussten. Vermittelnde archetypische Symbole tauchten auf, die ihm halfen zwischen den inneren Gegensätzen zu vermitteln.

Kritik an der transzendenten Funktion

Der deutsche Jungianer Roman Lesmeister übt Kritik an dieser Haltung von Jung. Er meint, dass archetypische Symbole bei ihm eine Container-Funktion für unerträgliche Konfliktspannungen übernehmen und somit die Psyche von ihrer Zerrissenheit befreien. Die Konflikte seien damit nicht gelöst oder ausgehalten, sondern würden mithilfe der transzendenten Funktion in eine übergeordnete Struktur (dem Selbst) transzendiert. Denn es sei psychologisch ein Unterschied, ob das Ich versucht die (psychischen) Gegensätze auszuhalten, „das nicht integrierbare auszuhalten oder ob es eine Relation herstellt zu einer übergeordneten Struktur (dem Selbst), in dem ihm die Gegensätze integriert erscheinen, um dann per projektiver Identifizierung an diesem Bild des Integriertseins zu partizipieren."[31]

Ich erkläre seine Ansicht am Beispiel der 17 Kamele. Die 17 Kamele lassen sich nicht einfach gerecht aufteilen. Wenn der älteste die Hälfte erhalten soll, wären das 8,5. Wenn der zweite einen Drittel erhalten soll, wären das 5,7 und der letzte 1,9. Wie aber will man ein Kamel aufteilen? Muss der älteste dem zweitältesten seine Bruchteile abtreten, damit jeder ganze Kamele erhält oder umgekehrt? Im Spruch des Vaters liegt Zündstoff für Konflikte unter den Brüdern. Wenn es nach Lesmeister ginge, müssten die Brüder diesen Konflikt aushalten oder miteinander debattieren, bis sie eine Lösung haben, die Kamele könnten dann nicht, oder nicht alle verteilt werden.

Wenn nun jemand Aussenstehender mit dem 18. Kamel kommt, repräsentiert dieses Kamel in jungscher Terminologie ein Symbol des Selbst, an dem man partizipiert, indem man unerträgliche Gefühle des Streits dorthin auslagert (= proj. Identifikation) um sich selber zu entlasten. Lesmeister bezeichnet dieses Ganzheitsideal des Selbst als ein Ausdruck eines Narzissmus, für den es sicherer ist, nicht dem Anderen, sondern nur immer sich selbst zu begegnen.[32] Nicht die Konflikte mit dem Du werden angegangen, sondern der Konflikt auf eine höhere Ebene verschoben.

Aber im Gleichnis des 18. Kamels gehen diese Überlegungen m. E. nicht auf. Sie mögen wahrscheinlich in manchen Fällen zutreffend sein, ich vermute aber nicht in allen. Es gibt manchmal tatsächlich ein Symbol des Ganzen, das über die transzendente Funktion gefunden wird, ohne dass man damit den Konflikten ausweicht, sondern damit die Konflikte gerade löst.

Schauen wir die Ganzheitsvorstellung, sozusagen das 18. Kamel, bei Jung nochmals genauer an: Auf den letzten beiden Seiten des Roten Buches, im Anhang C, befindet sich ein Eintrag von ihm vom 16. Januar 1916 aus dem Schwarzen Buch Nr. 5. Dieser Eintrag sei für das ganze Rote Buch erhellend, schreibt der Herausgeber Sonu Shamdasani.[33] Jung versuchte in diesem Eintrag gut und böse zusammenzubringen, angesichts von Enttäuschungen und eigenen Fehlern, denen man aber nicht ausweichen könne, wenn man seinen eigenen blauen Stern finden möchte. Jung schrieb: "Nur indem du das Leben lebst, erlösest du dich davon. Also lebe es in dem Masse, als es dir zukommt In dem Masse, als du es lebst, verfällst du auch der Macht des Abraxas (dem Teufel, Anmerk. IM) und seinen furchtbaren Täuschungen. Im selben Masse aber gewinnt der Sterngott in dir an Sehnsucht und Kraft, indem die Frucht der Täuschung und Enttäuschung des Menschen ihm zufällt. Schmerz und Enttäuschung erfüllen die Welt des Abraxas mit Kälte, all deine Lebenswärme sinkt langsam in die Tiefe deiner Seele, in den Mittelpunkt des Menschen, wo das ferne blaue Sternlicht deines Einen Gottes entglimmt.

Wenn du aus Furcht den Abraxas fliehst, so entfliehst du dem Schmerz und der Enttäuschung, und so bleibst du mit Furcht, d.h. mit dir unbewusster Liebe am Abraxas hängen und dein Einer Gott kann nicht entbrennen."[34]

Jung war auf der Suche nach dem blauen Licht des Sterngottes in ihm selber, aber eben nicht indem er seine Konflikte auslagerte und auf den blauen Stern projzierte, sondern indem er sie durchlitt! (Das Symbol des blauen Sternes hatte er der Mithrasliturgie entnommen. Er meisstelte den Satz: "Ich bin ein Stern, der mit dir herumwandert"[35] aus der Mithrasliturgie später in einen Stein in seinem Turm in Bollingen.) Im Licht des blauen Sterns vermutete er den Sinn, der hinter dem Leben mit seinen Gegensätzen, die ihm von Abraxas aufgezeigt wurden, steht. In unzähligen Bildern im Roten Buch sieht man diesen blauen Stern, der für Jung den Mittelpunkt darstellte, die übergeordnete Struktur, das Symbol.

Schlusswort

Das Zentrum, das durch den blauen Stern symbolisiert wird, ist in der Jungschen Psychologie das Selbst, der Dreh- und Angelpunkt der menschlichen Psyche. Menschen tragen aber Spannungen und Konflikte in sich und projizieren sie in die Aussenwelt. Das ist das Leben, wie es Jung auch kannte. Wenn solche in der Psyche auftauchen, sind wir nicht immer sehr beziehungsfähig, wir sabotieren uns und auch die andern, wir wollen Kontrolle und Macht, nicht zuletzt auch, um die innere Leere zu überwinden und Gegensätze oder Konflikte nicht aushalten zu müssen. Wir können uns mit dem 18. Kamel verbinden, damit alles ins Lot fällt und und wieder von ihm lösen, reicher und erfüllter geworden. Wir aber haben Alternativen, wir können Verantwortung übernehmen und den andern und letztlich auch uns selber lernen zu respektieren und den Individuationsprozess auf uns nehmen. Wir können Fixierungen lösen lernen und das grössere Ganze versuchen zu sehen. Dies führt zu unserem Selbst, zu unserem Innersten, zu unserem Kern, zum blauen Stern, dorthin, wo Sinn und Bedeutung unseres Tuns klar wird und wo wir eine innere Richtschnur dafür haben, was unser Leben von uns will. Wir können uns mit diesem Selbst verbinden, mit dem unzerstörbaren Kern, weil wir die werden wollen, die wir sind. Ich habe Ihnen einige Anschauungen und Hypothesen vorgelegt, es sind keine definitiven Wahrheiten, eher Ideen, wie man ein so einfaches Gleichnis wie das 18. Kamel auch noch betrachten kann. Wir Jungianer denken ja, dass solche Schätze, solche Wahrheiten ein Produkt des kollektiven Bewusstseins sind, dass es menschliche Wahrheiten immer schon gegeben hat und dass man nur etwas graben muss in den Weisheiten der Völker, um auf tiefe menschliche Einsichten stossen zu können. In diesem Sinne möchte ich schliessen und danke Ihnen für Ihre Aufmerksamkeit.

Über die Autorin:

Dr. phil Isabelle Meier ist in eigener Praxis sowie als Lehranalytiker, Supervisorin und Dozentin am ISAPZURICH tätig. Sie ist gegenwärtig Co-Präsidentin am Internationalen Seminar für Analytische Psychologie (ISAPZURICH) und war vorher Co-Chair der jährlichen Konferenz Jungian Odyssey. Sie ist Herausgeberin von zahlenreichen Büchern, darunter "Seele und Forschung" zusammen mit Guido Mattanza und Mario Schlegel. Ihr neuestes Buch wird bei Brandes&Apsel unter dem Titel "Grosse Eltern" erscheinen. Ausserdem ist sie in der Kernredaktion der Zeitschrift "Analytische Psychologie" tätig. Ihr Interesse liegt in den klinischen Bereichen der Analytischen Psychologie und betreffen die Archetypen, Komplexe, Symbole, Gegenübertragung/Übertragung

Literatur

[1] Eine kleine Geschichte, in http://www.ci-consult.ch/index.php?article_id=10 (erfasst, 5.12. 2013).

[2] Segal, L. (1988). *Das 18. Kamel oder Die Welt als Erfindung. Zum Konstruktivismus Heinz von Foersters.* München/Zürich: Piper.

[3] Segal, *Das 18. Kamel*, S. 9.

[4] Die *blinden Männer und der Elefant*, in *Jain Stories*. JainWorld.com. http://de.wikipedia.org/wiki/Die_blinden_M%C3%A4nner_und_der_Elefant#cite_note-Udana-2 (erfasst, 5.12. 2013).

[5] Schäfer, F. .Angehörige verschiedener Schulen, in *Die blinden Männer und der Elefant*.

[6] Arberry, A.J. ,The Elephant in the dark, on the reconciliation of contrarieties in *Rumi - Tales from Masnavi*, in *Die blinden Männer und der Elefant*.

[7] ebenda

[8] Creuzer, F. (1810-1823). *Symbolik und Mythologie der alten Völker*, 7 Bände, Leipzig, Darmstadt: o. V.

[9] Jung, C.G. (1925). Symbole der Wandlung, in *Gesammelte Werke*, Band 5. Düsseldorf: Walter, 1995.

[10] Jung, C.G. (1928). Die Grundbegriffe der Libidotheorie, in *Gesammelte Werke*, Band 8. Düsseldorf: Walter, 1995, § 92.

[11] Jung, C.G. (1916). Die transzendente Funktion, in *Gesammelte Werke*, Band 8. Düsseldorf: Walter, 1995, §148.

[12] Jacobi, J. (1989). *Die Psychologie von C.G. Jung. Eine Einführung in das Gesamtwerk, mit einem Geleitwort von C.G. Jung.* Frankfurt a. M.: Fischer.

[13] Jacobi, *Die Psychologie von C.G. Jung*, S. 97.

[14] Frank-Rieser, E. (2008). Symbol als das Dritte – Symbolisierung als Beziehungsgeschehen: von transparenten und opaken Wirksamkeiten," in *Imagination*, 2008, (30), 4: 36-53, S. 39.

[15] Dammasch F. & Metzger, H. G. (1998). Die Suche nach dem Fremden – theoretische Grundlagen und eine empirische Studie zur Bedeutung des Vaters in der familiären Triade, in Jongbloed-Jurig U., Wolff, A. (Hrsg.) *Dann wir können die Kinder nach unserem Sinne nicht formen – Beiträge zur Psychoanalyse des Kindes- und Jugendalters.* Frankfurt: Brandes & Apsel.

[16] Köhler, K. (2004). Frühe Störungen aus der Sicht zunehmender Mentalisierung, in: *Forum Psychoanal*, 20: 158-174.

[17] Metzger, H. G. (2000). Zwischen Dyade und Triade – Psychoanalytische Familienbeobachtungen zur Bedeutung des Vaters in der Triangulierung. Tübingen: Edition Discord.

[18] Metzger, ebenda, S. 183.

[19] Jung, Die transzendente Funktion, §138.

[20] Jung, ebenda, § 145.

[21] Jung, ebenda, § 146.

[22] Jung, ebenda, § 158-160.

[23] Jung, ebenda, §164.

[24] Jung, ebenda, §181.

[25] Jung, ebenda, §189.

[26] Jung, C. G. (1939). Bewusstsein, Unbewusstes und Individuation, in *Gesammelte Werke*, Band 9/1. Düsseldorf: Huber, 1995, §505.

[27] Knox, J. (2003). *Archetype, attachment, analysis : Jungian psychology and the emergent mind.* Hove: Brunner-Routledge.

[28] Otscheret, L. (2005). Dialektik ohne Dialog. Intersubjektivität bei C.G. Jung, in *Im Dialog mit dem Anderen. Intersubjektivität in Psychoanalyse und Psychotherapie*, hrsg. von Lilian Otscheret und Claus Braun. Frankfurt/Main: Brandes & Apsel, S. 57-84, S. 70.

[29] Gustav Bovensiepen, „Symbolische Einstellung und Reverie als eine Grundlage der psychotherapeutischen Behandlungstechnik", *Anal Psychol*, 2002, 33:97-117.

[30] Weber, B. (2013). Sterbebegleitung für ein Kind, in *Tages-Anzeiger*, 25.11. 2013.

[31] Lesmeister, R. (1997). Vaterbild und archetypische Strukturierung des Psychischen bei Jung. *Anal Psychol,* 28: 243-272, S. 264.

[32] Roman Lesmeister, *Der zerrissene Gott: Eine tiefenpsychologische Kritik am Ganzheitsideal* (Zürich, Schweizer Spiegelverlag, 1992), S. 52.

[33] Shamdasani, S. (2009). Anhang C, Vorbemerkung zum Eintrag vom 16. 1. 1916 aus dem Schwarzen Buch 5 von C.G. Jung, in Shamdasani, Sonu, *Das Rote Buch von C.G. Jung, Liber Novus.* Düsseldorf: Patmos, S. 371f.

[34] Abraxas war ein gnostischer Gott, für Jung mehr oder weniger identisch mit dem Teufel.

[35] Zitat aus der Mithrasliturgie in Dieterich, A. (1903). *Eine Mithrasliturghie,* Leipzig, o.V., S. 8.1.5.